“生まれ順”で
まるわかり！

一人っ子ってこんな性格。

マイペースな
天才肌

素直で
裏表がない

相性がいいのは
長子

人間関係に
ドライ

五百田達成

Discover
ディスカヴァー

一人っ子ってこんな人

マイペースな天才肌

❶素直で裏表がない

親から100％の愛情を注ぎ続けられて育ったため、自己肯定感が強く、人の言うことも素直に聞く。感情が顔に出やすく裏表がないため、他人の言動の裏側を推察したり、場の空気を読むのが苦手な一面も。

❷好きなことには一途

他にきょうだいがいないので親の理解も“財布”もすべてひとりじめ。自分の興味のあることに没頭し、自由な発想とユニークなセンスで周囲を驚かせる。反面、興味のないことはできるだけやりたくないし、苦手。

❸人間関係にドライ

きょうだいゲンカなどを経験しないまま大人になるため、人との距離のとり方が独特。基本的には人懐っこくフレンドリーだが、一人の時間も楽しめるため、人間関係に執着することがない。

一人っ子の有名人

- 浜崎あゆみ
- 宇多田ヒカル
- 宮沢りえ
- 柴崎コウ
- 貫地谷しほり
- 高橋真麻
- 村上春樹
- 三谷幸喜
- 坂本龍一
- 小室哲哉
- 三浦春馬
- 所ジョージ
- 太田光
- マツコデラックス

“生まれ順”とは？

長子

きょうだいの
いちばん上

中間子

きょうだいの
長子と末っ子以外

末っ子

きょうだいの
いちばん下

一人っ子

きょうだいが
いない

同じ家庭で育ったのに、お姉さんはしっかりものでおとなしく、妹はおっちょこちょいでおてんばといったように、きょうだいでまったく性格が違うケースは珍しくありません。

実は「生まれ順」＝その家庭において何番目に生まれたかが、その人の性格や行動に大きな影響を与えます。

長子（きょうだいのいちばん上）と、末っ子（きょうだいのいちばん下）、中間子（3人以上のきょうだいの長子と末っ子以外）、一人っ子（きょうだいがいない）では、子どもの頃に経験する親やきょうだいとの関係が違います。

その結果、大人になってからの性格や行動もまったく変わってきます。つまり、人の性格は“生まれ順”によって支配されていると言ってもいいほどなのです。

「長男」「長女」は、必ずしも「長子」ではない

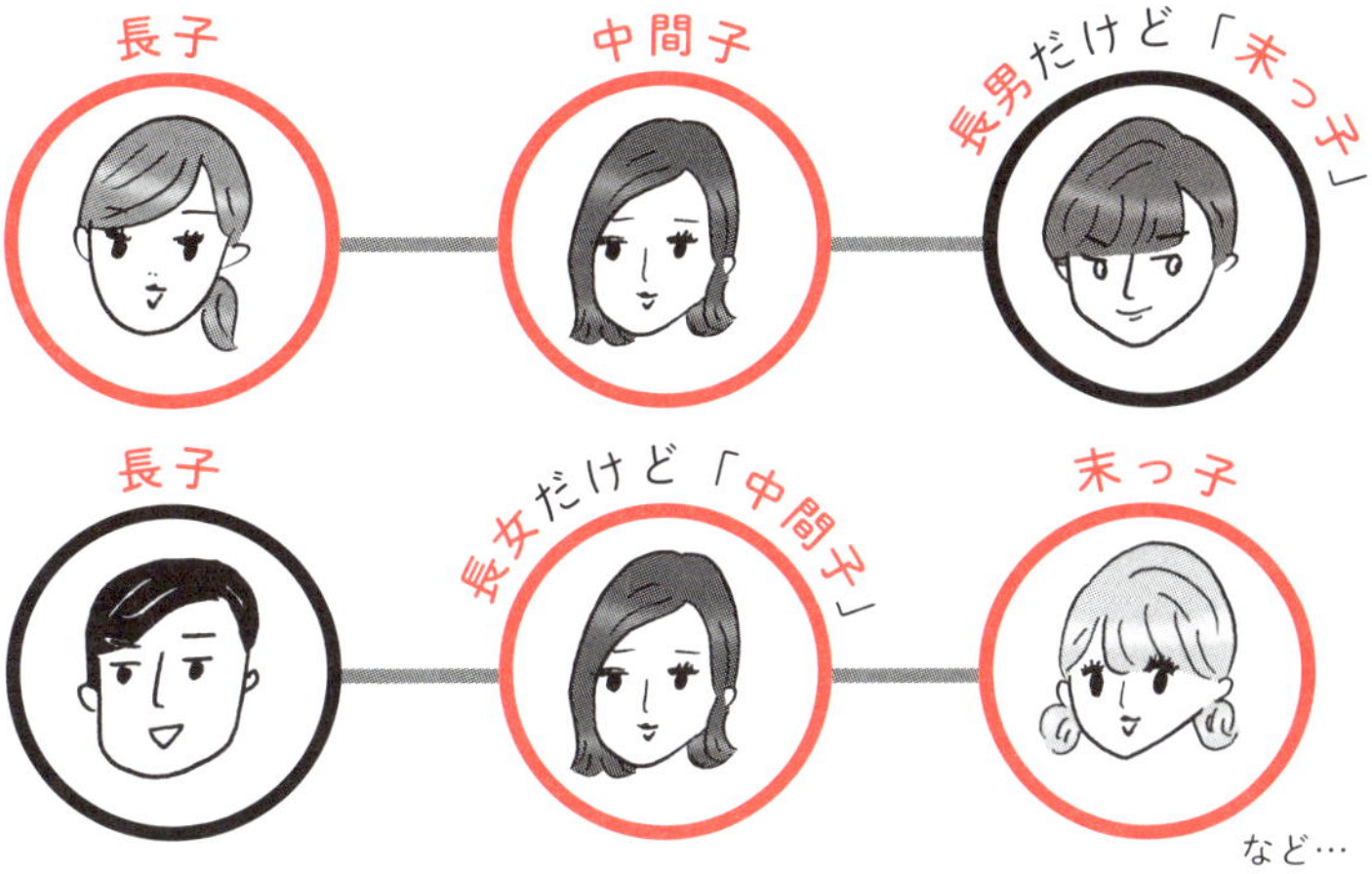

いちばん上、いちばん下以外は、みんな中間子

4つの性格タイプ

永遠の
思春期

中《ちゅう》間《かん》子《し》

要領がいい

末っ子

マイペース

したたかな
アイドル

“生まれ順”による

おせっかい

甘え下手な
王様・女王様

長子《ちょうし》

まじめ

一人っ子

マイペースな
天才肌

もっとよくわかる“生まれ順”Q&A

Q1 双子の場合はどうなるの？

A1 双子は特殊なきょうだい関係です。

双子の場合も、性格の違いはあらわれます。ただし、「生まれ順」による上下関係は希薄で、「二人で一人」の特殊なきょうだい関係です。

本人たちの間で「片方が文系なら、もう片方は理系」「片方がしっかりもののお姉ちゃんキャラでいくなら、もう片方はちょっぴりドジな妹キャラ」というように、無意識のうちに役割分担したというケースが多いようです。

また、「双子だから注目されてきた」という自覚があり、「パートナーがいる心強さがあった」「ライバルがいるのでお互い能力を高め合えた」など、双子であることを前向きにとらえ、自信がある人が多いのも特徴です。

Q2 何歳差だとハッキリ違いが出るの？

A2 3～6歳差がもっともハッキリあらわれます。

「生まれ順」による性格の違いがもっとも強くあらわれるのは3～6歳差です。

たとえば、「長子が10歳のときに弟や妹が生まれる」といったように、年が離れすぎている場合はお互いに影響し合う関係になりません。

また、いわゆる「年子」のように年齢が近すぎる場合も同じです。長子としてみれば「下が生まれた」という意識がありませんし、親もきょうだいとしての振る舞いを要求しない傾向が見られます。

純粋な「生まれ順」もさることながら、親やきょうだいとの微妙な関係がその後の性格に大きな影響を与えるのです。

Q3 性別は関係しないの？

A3 影響力は「生まれ順」＞「性別」。

人の性格や行動はもちろん「性別」からも影響をうけます。例えば、「長男・長女」とはよく言ったもので「末っ子で長男」「末っ子で長女」といった人たちは、本来の「生まれ順」で言えば、「末っ子」になりますが、育った家庭環境によっては長子的な性格をも兼ね備えます。

ただし、「生まれ順」による影響のほうが大きいため、本書では原則として性別は考慮しないものとします。

Q4 大人になったら性格は変わるんじゃないの？

A4 根底の部分は変わりません。

性格は生活環境や経験など、さまざまな要因から影響を受けます。子どもの頃は引っ込みじあんで人見知りだったけれど、大人になるにつれて初対面でも平気で話せるようになったという人もいるでしょう。

たとえば一人っ子でも、小さいころから運動部に所属し、先輩後輩にもまれて育つと、長子や中間子、末っ子的なふるまいが得意になることもあります。

ただし、性格がまったく変わってしまうということはありません。あくまで根底には本来の「生まれ順」の性格があり、そこに社会性や社交性など、あとから獲得したキャラクターが加わるイメージなのです。

自分の世界

Part 1

まるわかり！
一人っ子の
性格。

only child
1

「一人っ子っぽいね」と言われるのは心外。

そういうレッテルを貼らないでほしい。

わたしはわたし
なんだってば。

only child
2

「マイペース」「自分勝手」と
言われることが多いけど、
正直ピンとこないんだよね。

only child
3

強いて言うなら
「マイワールド（私の世界）」。
これがわたしにとっての“ふつう”なの。

only child
4

「B型っぽい」「猫っぽい」

と言われることも多い。

人なつっこく、そばにくっついたかと思うと、
プイっとどこかに行っちゃったり。

これはわかるかも（笑）。

only child 5

一人で過ごすのが苦じゃない。

小さい頃から、家のなかで一人遊びをしていることが多かったから？

only child 6

むしろ、

一人でいる時間も必要。

ずっと人といると疲れちゃう。

only child

7

基本、自分が楽しいと思う
ことをやる。

**誰かが一緒だったら
まぁうれしいけど、
一人だからといって
楽しさが減ったりは
しない。**

only child

8

**親とは仲が
いいほうだと思う。**

いろいろあるけど、
子どもは私しか
いないからね。

only child

9

きょうだいがいる子がうらやましいときもあるけど、

十分に愛されて（愛されすぎて？）育ってきたと思う。

本音を言えば、一人っ子バンザイ！

only child
10

子どもの頃から、**親の趣味につきあわされていた。**
みんなそうだと思ってたけど、
どうもきょうだいのいる子は
違うみたいだね。

only child
11

わりと
早熟だったと思う。
まわりが大人ばっかりの状況に
慣れているし、ある一定の
年齢になると大人扱いされてきた。

only child

12

先生からの受けはよかった。

親や大人がどうすれば喜ぶかについて、よくわかっていたんだと思う。

only child

13

同級生を「子どもっぽいな」と思うことが多かった。

きょうだいゲンカとかもしてないし。

only child

14

アーティストの生き方に共感することが多い。

only child
15

「空気読めないよねえ」と言われたりもするけど、正直困る。言いたいことがあるなら、
はっきり言ってくれればいいのに。

only child
16

どうやら世間の常識とはズレてるみたい。
でも、あんまり気にしない。

only child
17

「つかみどころがない」と
よく言われる（そう言われても困る）。

only child

18

やりたいことを
やりたいように、
のびのび
やってきた。

only child

19

親の関心もお金も
独り占め。

好き勝手やってこられたのは、一人っ子だったからかも。

only child
20

「他の人と同じ道を歩もう」なんて考えたことがないかも。

only child
21

好きなことに没頭するとまわりが見えなくなる。

only child

22

自分なりに空気を読んでるつもり。

でも、ちょっとズレてるみたい。

only child

23

ものごとの価値を決める基準はズバリ、「自分」!

かといって、変なこだわりもない。

only child

24

ひらめきや直感で決めるほう。

進路も、仕事も、恋愛も!

only child

25

「みんなのため」とか、「ここで目立ちたい」とか考えたことがあまりない。

「好きだからやる」「やりたいからやる」

だけ。

それ以外の理由ってあったの!?

only child

26

「ふつうはこうする でしょ」みたいな 言い方をする人が苦手。

押しつけないでほしい。だって、うちの家では違ったもん。

only child

27

基本的に
のほほんとしてる。

のんびり屋で競争心に欠ける。

only child
28

人の感情に流されることがない。

みんなが慌てても、一人落ち着いていることが多いので、意外とトラブル処理に向いている？

only child
29

まわりの評価を気にせず、**一人でまじめにコツコツやっていくのが好き。**

それが「好きなこと」だったら言うことない。

only child
30

ピンチをピンチと思わない。

突然ゴジラが来襲したとしてもあまり慌てないと思う。むしろ、「こんな怪獣がどこに潜んでいたのか」のほうが気になる。

only child
31

自分で言うのも
なんだけど、
素直でまっすぐな子
だと思う。

only child
32

「何考えてるかわからない」
「本性が見えない」って
言われるけど、
実はなにも
考えてないことも
多い。

only child
33

「天才肌だね」って
言われたりもする。
そんなことないと思うけど、
音楽を聴いたり、
絵を見るのは好き。

only child
34

「天然」とか「変」って
言われることもよくある。
でも気にならない
(慣れた)。

only child

35

愚痴を言ったり、人の悪口を言ったりしない。

友達の愚痴につき合うのも、つらい。人に関心ないのかな？（笑）

only child

36

やりたいことはけっこうハッキリしている。

やりたくないことはやらない。

column
1
“生まれ順”豆知識

スポーツ選手が多い“生まれ順”は？

スポーツ選手に多い生まれ順は……ズバリ、末っ子です。

野球選手で言うと王貞治に長嶋茂雄、野村克也、イチロー、松井秀喜はみ〜んな末っ子。サッカーも、本田圭佑や川島永嗣、香川真司をはじめとする日本代表も、なでしこジャパンも末っ子だらけ。他にはテニスの錦織圭、ラグビーの五郎丸歩、フィギュアスケートの浅田真央など、有名な選手で末っ子じゃない人を探すのが難しいほど。

実は彼らの多くは兄や姉の影響でスポーツを始めたと語ります。早くから高いレベルで練習する彼らは、親のプレッシャーによりいつしかスポーツを卒業していく兄や姉と異なり、何歳になっても、のびのび楽しくスポーツをやり続けます。その結果、多くの末っ子アスリートが歴史に名を残すことになったのです。

浅田真央

錦織圭

イチロー

本田圭佑

Part 2

まるわかり！一人っ子の恋愛。

only child

37

我ながら
モテるほうだと思う。

only child
38

というか、**好きになると**
すぐ顔に出ちゃう。
惚れっぽいし、隠せない。

only child
39

生まれ変わったら、
恋愛の駆け引きとか
できるようになりたい。

only child
40

楽しいからつき合うだけ。
つらい恋とか、イミがわからない。

only child

41

合コンは苦手。

つまんない話をされて、楽しそうに聞くことができない。

顔に出ちゃうんだよね～。

only child

42

合コンに誘われたときは、気が向いたら参加する。待ち合わせには誰よりも早く行って、

帰りやすい席をキープする。

only child
43

彼氏がいても、
他の男子と
遊びにいく。

だって楽しいもん。

only child
44

彼氏がいないからと
いって、
必死に彼氏を
つくろうとも
思わない。

だって、一人でいるのも
楽しいんだもん。

only child

45

意外に恋人に合わせる。

「これだけは譲れない」とか、あんまりない。

only child

46

恋人と会うのも
楽しいけど、
ずっと一緒だと
疲れちゃう……。

一人の時間も必要。

only child

47

つきあうまでは
早いけど、
ダメになるのも
早い。

運命の人じゃなかっただけ。
次、いこう！。

only child 48

恋愛観を語ると「ドライだね」って言われるけど、自覚はない。

only child

49

まわりが勝手に世話を焼いて紹介してくれたりする。

素直にありがとうと思う。

only child

50

他人との適切な距離感がわからない。

近づきすぎた結果、
思いがけない相手にモテたりもする。
そんなつもりじゃなかったのに〜。

only child
51

恋愛に関して、
とくに主義・主張とかないんだよね。
そこまで興味がないのかも。

only child
52

つきあった相手に
「どこが地雷なのかわからない」と
嘆かれたことがある。

only child
53

たしかに、
どこでキレるのか、
自分でもイマイチ把握できてない。
アハハハ。

only child

54

気に入ると自分から
グイグイいっちゃう。

only child

55

楽しい恋愛しか
したくない。
相手の顔色をうかが
う恋愛なんて、
イヤすぎる！

only child
56

深刻に
話し合うぐらいなら
サクッと別れたい。

only child
57

うまくいかなく
なった恋愛を
立て直すなんて
無理じゃない？

only child

58

とにかくめんどうでないことが大事。

めんどうな恋愛なんてねぇ……。

え？　そういうのがいい人もいるの？

one child 59

つき合うとわりと早い段階で親に紹介する。

結婚を迫るとかそういうことじゃなくて、単なる報告。
けっこうなんでも親に話す。

one child 60

別れた相手と友達になれる。

別れたあとでも、
会いたければ会うし、
会いたくなければ
一生会わなくてもいい。
しつこく執着するタイプじゃないんだよね。

column
2
“生まれ順”豆知識

アーティスト
が多い“生まれ順”は？

アートや芸能の世界で活躍が目立つ生まれ順は……なんといっても**一人っ子**です。

男性では坂本龍一、小室哲哉、氷川きよし、太田光、三谷幸喜など。女性アーティストでは浜崎あゆみ、宇多田ヒカル、宮沢りえ、大塚愛、中川翔子などなど。いずれも個性あふれる顔ぶれが勢ぞろい。

一人っ子は他の生まれ順に比べて、親という大人と過ごす時間が長いため、文化的に早熟な傾向が見られます。しかも、一風変わった進路を歩もうとする**一人っ子**に対しても、親は寛容。「好きなことをやりなさい」と精神面や金銭面、さまざまな面からサポートを惜しみません。自分の感性のおもむくままに、やりたいことを貫ける環境があったからこそ、多くの**一人っ子**アーティストが生まれたのでしょう。

宮沢りえ

宇多田ヒカル

太田光

浜崎あゆみ

Part 3

まるわかり！一人っ子の結婚。

only child
61

好きな人と、好きなように結婚する。

only child

62

友達に**「あの人と結婚するの……？」**
と難色を示されても、
あんまり気にならない。
だって、結婚するのはわたしだもん。

only child

63

年齢差があろうが、借金を抱えていようが、
妻がいようが気にしない。
好きになっちゃったんだもん。
しかたなくない？

only child

64

親が認める相手と結婚したいという気持ちは、一応ある。
でも結局、**親もわたしの選択を**
尊重してくれると思うの。

only child 65

独身のうちは、
親からの
「結婚しないのか？」
プレッシャーが
すごかった。
一人っ子はそれがつらい。

only child 66

自分が結婚
しなければ、
家が途絶えてしまう
という危機感は
ある。

only child
67
夫婦の危機に気づかない。

夫が出ていったとしても、のほほんと待っていそう。

only child
68
言葉で不満を伝えるのが苦手。

夫にムッとしたとしても、直接不満をぶつけられず、ただ、ひたすら不機嫌になる。

only child

69

夫婦ゲンカが苦手。

ケンカになりそうになったら距離を置く。

only child

70

子育ては全力投球！

育児書もたくさん読むし、

思い切り愛情を注ぎたい。

only child

71

子どもは、

“もう一人の自分”

みたいな気がしてる。

only child

72

親友みたいな親子になるのが理想。

一緒に遊びたいし、早くからいろいろ教えたい。

only child

73

かといって、

教育や子育てにこだわりがあるわけではないので、

夫が「こう育てよう！」と言えば合わせられる。

only child

74

「なんか違うな」と思ったら、あっさり離婚するかも。

だって、しかたなくない？

only child

75

合わないなら離婚したほうがいいと思う。

世間体が悪い……なんて考えたこともない。

only child

76

結婚してからも、心がときめいちゃうことはあると思う。

好きになっちゃったならしょうがない。

only child

77

親との関係は大人になってからも濃厚で濃密。

思いきって距離をとろうとしてみたりもするけど、
スッパリ縁を切るほどドライにはなれない……。

only child

78

ブツブツ言いながらも
親とはしょっちゅう
会うし、子育てとかでは
頼りにしてる。

only child

79

老後の親の面倒を見るのはなんとなく当然と思っている。

別に見たいわけじゃないけど、他にいないし。

column
3
“生まれ順”豆知識

作家

が多い“生まれ順”は？

作家・小説家は一見すると、華やかな職業のように思われがちですが、その仕事内容はいたって地味。コツコツと原稿を書き、丹念に作品を仕上げていくわけです。

芥川賞作家・直木賞作家でもっとも多い生まれ順は……**長子**でした。羽田圭介に池波正太郎、林真理子、辻仁成、向田邦子、石原慎太郎はみ〜んな**長子**。

中間子や**末っ子**、**一人っ子**に比べて、きまじめで責任感が強いのが**長子**の特徴です。

仮にクリエイティブなアイデアを思いついたとしても、地道な作業が苦手な人には、作家はつとまりません。「一度始めたら最後までやりぬくべき」「この作品をどうしても世に出さなければ」という強い意志に突き動かされる**長子**だからこそ、締め切りに向かって執筆し続けられるのかもしれません。

林真理子

石原慎太郎

辻仁成

羽田圭介

Part 4

まるわかり！一人っ子の人間関係。

only child

80

そもそも、人づき合いにそこまで関心がない。

だから、人間関係で悩んだことも、あまりない。
究極的には一人でもいいと思っている。

only child
81

「好きな人」と「そうじゃない人」への対応の差が激しい。

only child
82

人見知りというわけじゃなくて、

「どうでもいい人」たちへの対応が冷たい。

only child
83

突然仲よくなったり、いきなり離れたりする。

みんなそんなものだと思ってたけど、
どうも違うらしいね……？

only child

84

基本的に人なつっこくて
愛想もいいほうだけど、

少しでもこじれると「もういいや」とスッパリ斬りがち。

only child

85

人の気持ちを察して合わせるのは苦手。

ストレートに
言ってくれたら、
合わせられるのに。

only child

86

みんなに適当に合わせるの
は苦手だけど
一対一でしっかり
話すのは得意。

only child

87

「しっかりしろ！」
とか、プレッシャーを
かけてくる人は
ちょっと苦手。

only child

88

納得できないことで
怒られても
まったくヘコまない。

only child 89

ここだけの話、

「みんなでやる」

というのが、

正直ピンと

きてない。

only child 90

きょうだいで何かを

取り合ったことがないので、

競争心は

乏しいほうかも。

「ハングリーさがない」と

言われることも。

only child

91

何か間違ったことをしたとき、

「何がダメだったと思う？」

と丁寧に聞いてくれたり、

説明してくれたりする人は親切だし、ありがたい。

only child

92

基本的に、悪気はないんです。

だから、「空気が読めてない」って叱らないで〜。

only child

93

人との「**距離が近い**」ってよく言われる。

ちょうどいい距離って、どのくらいなんだろう？

only child

94

相手が「ごめん」と謝ってきたら素直に信じる。

「ホントは反省してないんじゃないか」なんて
疑ったことないかも。

only child

95

落ち込んでるとき、言われていちばんうれしい言葉は

「ツイてなかったね」。

そうそう、自分が悪いわけでも、
相手が悪いわけでもなく、運が悪かったのよ！

only child

96

自分のペースは乱されたくない。

それが、友達であっても、恋人であっても。

only child

97

飲み会は
「気が向いたら
来て」って誘ってほしい。
逆に「絶対に来て！」
なんて言われたら、
それだけで行きたくなく
なっちゃう。
プレッシャーに弱い。

only child

98

人のことを
すぐ信じる。
だから、
だまされやすい。

only child
99

「自由にやって」と
任されると
がんばれる。

only child
100

あれこれ細かく
ルールを
設定されると
やる気が失せる。

only child

101

お金には無頓着。
あればば使うし、
なければ使わない。

only child

102

おごるとか、おごられるとかあんまり考えたことがない。

自分の分は自分で払えばいいんじゃない？

only child

103

「友達は多ければ多いほうがいい」「友達がいないのはさみしい人間」

という人のことをあまり信用していない。

only child

104

孤独に慣れている。

一人でもいいし、一人じゃなくてもいい。

only child
105

「親の愛情も経済力もすべて独り占めだね」なんてこと言われるけど、

「愛情の一極集中はときには重すぎることもある」

と主張したい。

only child

106

本当に気が合う友達が数人いれば、それでいい。

SNSもそんなにやってない。

only child
107

とくに気が合うわけでもない相手と表向き
友達づきあいするぐらいなら、いっそ、

一人も友達がいなくてもいい。

only child
108

友達に誘われても、
気乗りしなければ行かない。

「行かないとまずいかな」と悩むことはない。

only child
109

断るときはサクッと断る。

相手を傷つけないように断らなきゃ……
みたいなことは考えたことがない。

only child
110

自分が断られても
「都合が
悪かったんだな」と
しか思わない。

only child
111

「なんか冷たいよね」

「マイペースすぎる」

と言われたりもする。

only child

112

でも、
みんなそんなもんじゃないの？と正直思っている。
よくわかんないけど。

only child

113

チームプレイに向いていない。

会議や話し合いをやって
みんなでゴチャゴチャ
やりとりするより、
自分の仕事をこなしたい。

only child

114

「あいつには好き勝手にやらせておこう」

と思われたらラッキー！

こまごました仕事は案外嫌いじゃない。

only child
115

会議で思いつきを話しては、ツッコまれることがわりとある。

only child
116

叱られることに慣れていない。

そういえば、親から叱られたことってあったっけ……?

only child

117

無断欠勤したり、
音信不通に
なっちゃったりする
人の気持ちが
ちょっとだけわかる。

only child

118

親からは褒められ慣れている。

でも、

他人からは褒められ慣れてない。

だから、リアクションが変になる（笑）。

only child

119

まわりの人間関係に疎い。

人に関心が薄いので、
社内カップルを自分だけ
知らなかったなんてことは日常茶飯事。

only child 120

突然ほめられると、挙動不審になっちゃう。どう返せばいいかわからない。

only child 121

自分で言うのもなんだけど、基本的には素直で
天真爛漫なので、人から**ネガティブな感情をぶつけられるとびっくりする。**
びっくりしすぎて泣いちゃうかもしれない。

only child 122

友人知人に相談されたときのアドバイスは
「わたしならこうする」が基本。
え？　みんなはそうじゃないの？

only child

123

社交辞令が苦手。

表面的に仲よくしたり、
悪いと思ってなくても
謝っておくとか、
そんな処世術、
みんなどこで
学ぶんだろう?

only child

124

おだてられたり
持ち上げられたり
すると、
慌ててしまう。

only child

125

レストランで
注文するときは、
目についたものを
パッと注文する。

only child

126

大勢で行ったレストランで、
シェアしづらい
ものを注文しちゃう
ことがよくある。
みんな自分の食べたいもの
を頼めばいいのに……。

only child

127

飲み会では、

一対一で話し込むことが多い。

みんなでノリを合わせてワイワイするのが苦手。

only child 128

人を楽しませようというサービス精神は薄い。

わたしにはムリ……。

only child 129

飲み会でもなんでも、

飽きたらすぐ帰りたい。

総理大臣

が多い“生まれ順”は？

日本の歴代総理大臣でもっとも多い生まれ順は……中間子でした！

安倍晋三をはじめとして、田中角栄、中曽根康弘、小泉純一郎、村山富市、鳩山由紀夫など、じつに歴代首相の約半数が中間子。

中間子は兄姉と、弟妹にはさまれ、常に上と下の言動に目配りしているので、空気を読むのがバツグンに上手。

ただ、親の愛情を長子または末っ子に奪われる経験が多かったせいか、愛情に飢えているところがあり、その分、人間関係をシビアに見つめています。

バランス能力にすぐれていて、誰とでもうまくやれる半面、「敵か味方か」をすばやくジャッジ。自分の居場所を確保するなら、あらゆる手段をとることもためらいません。権謀術数うずまく政界でトップに昇りつめる天性の才能が、中間子には備わっているのかもしれません。ちなみに、アメリカのトランプ大統領も中間子です。

鳩山由紀夫

安倍晋三

ドナルド・トランプ

小泉純一郎

Part 5

まるわかり！一人っ子の相性。

相関図

同性編

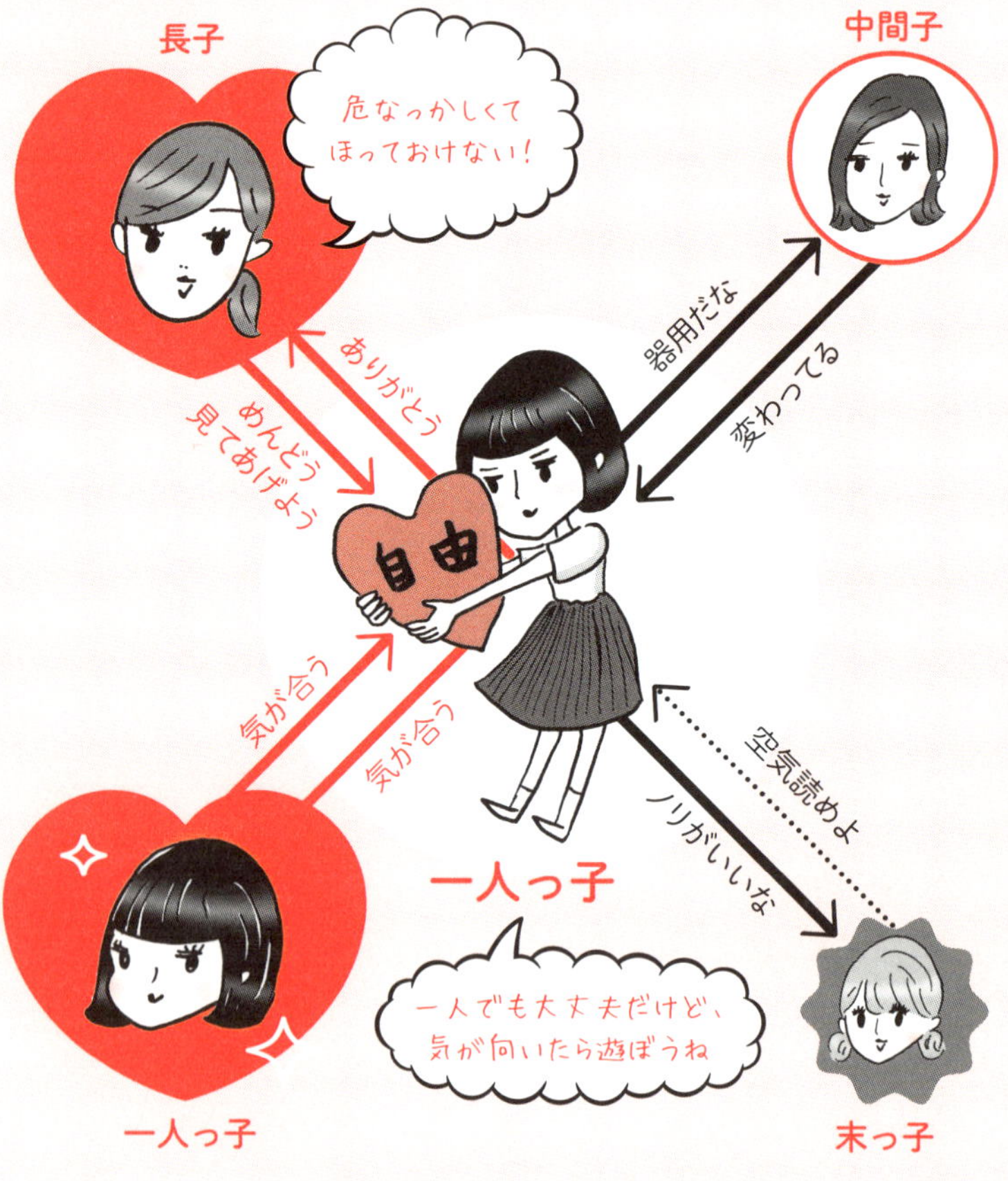

長子
危なっかしくてほっておけない！
中間子
ありがとう
めんどう見てあげよう
器用だな
変わってる
自由
気が合う
気が合う
空気読めよ
ノリがいいな
一人っ子
一人でも大丈夫だけど、気が向いたら遊ぼうね
一人っ子
末っ子

一人っ子の相性

異性編

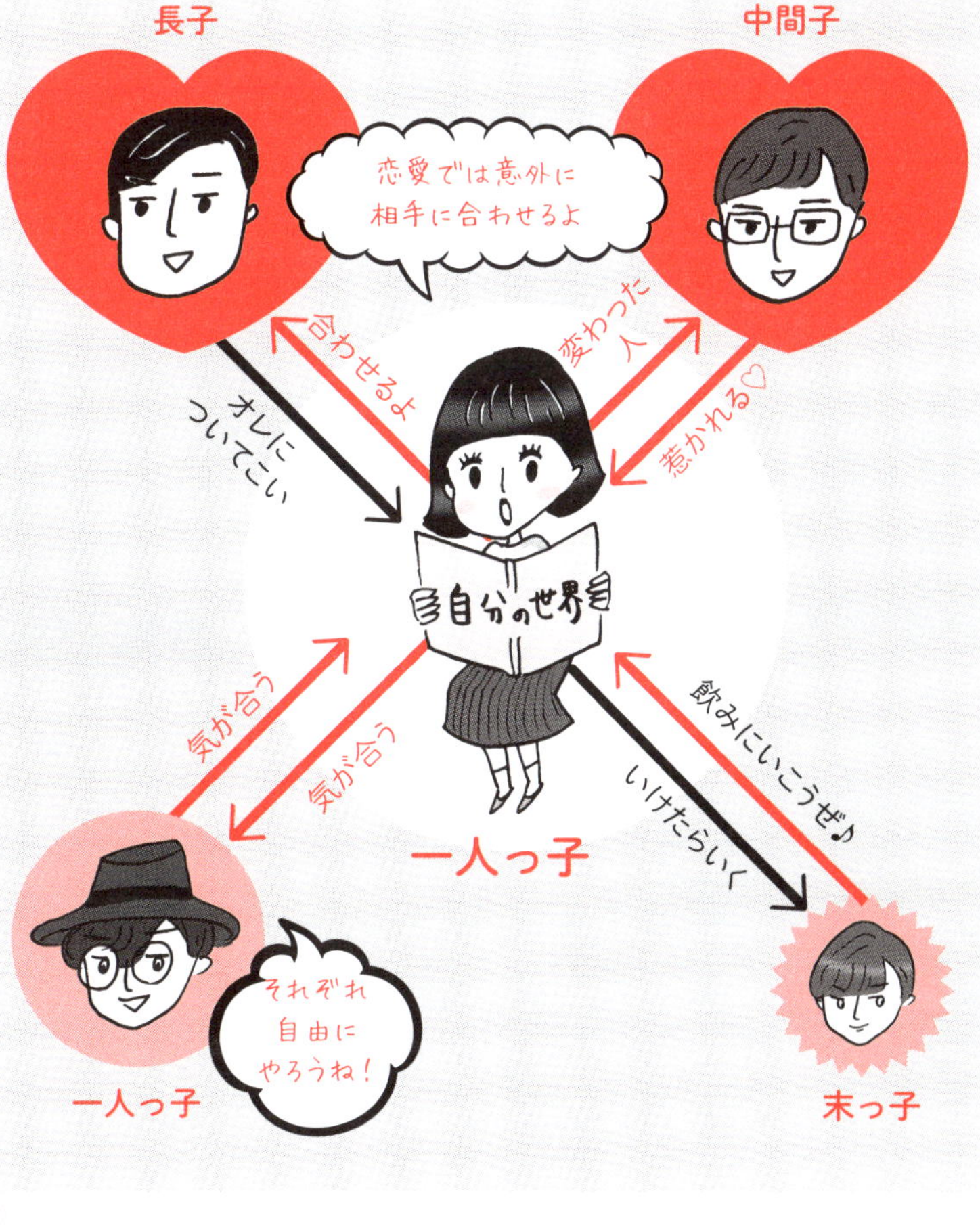

長子
中間子
恋愛では意外に
相手に合わせるよ
合わせるよ
オレについてこい
変わった人
惹かれる♡
自分の世界
一人っ子
気が合う
気が合う
飲みにいこうぜ♪
いけたらいく
それぞれ
自由に
やろうね！
一人っ子
末っ子

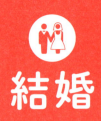

結婚がうまくいく相手

1位
素直で裏表のない
一人っ子

2位
空気を読む
中間子

3位
まじめでおせっかいな
長子

4位
他力本願の
末っ子

「そういう人もいるよね」で流し合える一人っ子が相性◎

価値観がぶつかり合いがちな結婚生活。お互いに、相手との違いを受け入れ、素直に「そういう人もいるよね」と思えるのが**一人っ子**同士。互いの親を大事にする点でも相性◎。

結婚したからといって、相手に合わせて自分が変わろうとも、相手を変えようとも思わない。そんな**一人っ子**のスタンスを察して、上手に対応してくれるのがバランス感覚にすぐれた**中間子**です。

一方、**長子**は何かと世話を焼いてくれるのはありがたいものの、「結婚したからにはこうすべき」と意見を押しつけてきがち。「耐えられない！」と不満に思うこともしばしばありそう。

また、明るくノリがいい**末っ子**とは相性がよさそうに見えますが、「あなたが決めてよ」「君がやってよ」とイライラが募ることが多そうです。

恋愛が盛り上がる相手

1位 男らしくリードする
長子

2位 好き勝手やらせてくれる
一人っ子

3位 ウェットな駆け引きをする
中間子

4位 受け身で男らしくない
末っ子

一人っ子といえども、恋愛ではリードされたい！

他人にさほど興味がないせいか、恋愛に対してもドライ。そんな**一人っ子**にとって、恋愛が盛り上がる相手といえば、忠実な執事のように優しくリードしてくれる**長子**。「なんでもやってくれる快適さ」を存分に味わえる相手に親の存在と重ね、運命の相手と思い込みがち。

一人っ子同士もお互い束縛せず、自由を満喫できるという意味では悪くありません。

問題は、**中間子**。繰り出される恋の駆け引きを楽しんでいるうちはまだしも、束縛されたり、「俺と友達どちらが大事なの？」などと愛情を試すような言動が見えたりすると、一気にトーンダウン。ドロドロした気配を感じた途端、身を引いてしまうでしょう。

そして、段取りをしたくない受け身同士である**末っ子**とは、そもそも恋愛が始まらないというのが実情のようです（笑）。

友達になれる相手

1位 個人主義の

一人っ子

2位 おせっかいな

長子

3位 遠慮がちな

中間子

4位 ノリがいいだけの

末っ子

少人数でガッチリ、深い関係を築きます

マンツーマンの関係が得意な一人っ子は少人数で遊ぶのを好みます。そんな友達観を共有できるのはやはり、一人っ子同士。「今度、ふたりでごはん食べにいかない？」など一対一で関係を深めていくのがお互いにとって心地いいスタイル。

男女問わず、世話焼きが多い長子とも相性はまずまず。遊びにいく場所を決めるのはもちろん、進路にまで口を出してくる“オカンパワー”がかえって頼もしく、あれこれ手伝ってもらいながら、仲よくなっていくケースが多いようです。

中間子は、そこまで踏み込んでこず、様子を見ているため、一定の距離が生まれそう。

末っ子が相手となると、「どうしよっか？」「何がしたい？」など、いちいち聞かれるのがわずらわしく、自然と疎遠になってしまうようです。

チームワークがうまくいく相手

1位 調整上手な
中間子

2位 仕切り屋の
長子

3位 個人プレイの
一人っ子

4位 指示待ちの
末っ子

調整役がいてくれると好きなように動ける

公私ともに、長子のリーダーシップを高く評価している一人っ子ですが、仕事や作業におけるチームワークという点では中間子が一歩リード。いろいろなところに気をつかって、全体をうまく回す中間子と一緒なら、思う存分自分の力を発揮できます。

一人っ子同士もお互いを尊重し合えるという点では相性は悪くありませんが、個人プレイが多く、足並みがそろわなくなることもよくあります。やはり、長子や、中間子のように、必要とあれば場を仕切れる存在が必要と、一人っ子は本能で理解しています。

そのため、常に“指示待ち”スタンスを崩さない末っ子を引っ張る役になるぐらいなら、そもそも、一緒のチームになりたくないと思ってしまうようです。

離婚しやすい相手

1位
ドライな
一人っ子

2位
クールな
末っ子

3位
世間体を気にする
長子

4位
粘り腰の
中間子

イヤになったら即離婚。だって一人でも平気だし！

一人っ子にとって、最も離婚に向かいがちな相手は同じ一人っ子。お互い、「一人で過ごす楽しさ」を知っているし、何より「イヤなことを我慢してまで誰かと一緒にいたいとは思わない」という共通点もあります。

その意味では、「無理をしない」というのは、末っ子にも似たところがあります。結婚という体裁にこだわらないドライでクールなもの同士ですから、ためらいなく離婚という形を選ぶでしょう。

一方、世間体を気にする長子が相手となると、一人っ子がいくら離婚を切り出してもすぐにイエスとは言ってもらえません。また、「やり直せるはず」と粘り腰で説得しようとする中間子も同様。

もともと、こだわりのない一人っ子のことですから「悪いところがあったら直す」「互いに努力をしよう」と必死に引き止められると反論するのもめんどうになり、現状維持を選んでしまう可能性も大いにあります。

かなわぬ恋 に落ちる相手

1位 男らしく引っぱる **長子**

2位 恋愛体質の **中間子**

3位 お気楽で適当な **末っ子**

4位 わかりやすい **一人っ子**

周囲に共感されなくても、自分が好きならそれでOK！

「つらい思いをするくらいなら恋愛なんてしなくていい」と割り切っている一人っ子たち。そんな一人っ子でも、ときにはかなわぬ恋に身を焦がすことがあります。恋愛観も自由そのもの。誰にも共感されなくても、自分が好きならそれでいい。相手がこちらを好きでなくても関係なし。誰よりもアイドルの追っかけに向いている人たちとも言えます。そんな一人っ子が好きになるのは、自分にないものを持っている人たち。

たとえば、長子の男らしいリーダーシップ。自分にはとうていできないと思うからこそ憧れます。

恋愛体質の中間子にも、自分には理解できないからこそ、ハマってしまう危険性が。

逆に末っ子との明るい恋愛は「楽しそうだな」と思うだけで終了。

一人っ子同士だと、お互い求めるものの見当がつく分、ミステリアスさを感じず、恋焦がれる対象にはならなさそうです。

ケンカになりやすい相手

1位

ネチネチ言ってくる

中間子

2位

事なかれ主義の

末っ子

3位

お互いスルーできる

一人っ子

4位

ズバズバ言ってくる

長子

ケンカを嫌う一人っ子すら怒らせる中間子の粘着力

“ケンカはしない派”の一人っ子。あれこれ指図されても「なるほどね」「そんな風に思う人もいるのか」と聞き入れるので、ケンカになりづらいのです。

そんな一人っ子でも腹を立てる相手といえば、まず中間子。ストレートに言われれば気にならないのに、遠まわしにネチネチ口を出されるとイライラ。長子くらい“上からの物言い”をしてくれたほうが、よほどつきあいやすいというのが一人っ子独特のとらえ方です。

また、同じ平和主義者同士でも、まわりにヘラヘラ合わせようとする末っ子とは、最終的に気が合わず、イライラすることに。

その点、一人っ子同士であれば、文句や悪口もお互い軽やかにスルー。問題が解決するかどうかは別として、ケンカにはなりにくいでしょう。

飲み会で楽しい相手

1位
盛り上げ役の
末っ子

2位
段取り上手の
長子

3位
気をつかいすぎる
中間子

4位
気をつかわなさすぎる
一人っ子

楽しそうな雰囲気だけ味わいたい！

飲み会を自ら盛り上げるサービス精神はないけれど、つまらない飲み会は大嫌い。そんな一人っ子が飲みの相手に選ぶのは末っ子。いつもテンション高くワイワイ盛り上がっているので、近くに座っているだけで楽しい雰囲気を味わえそう。

また、「みんなに楽しんでもらおう」という理想に向けてがんばる長子との相性も◎。

一方、中間子も世話を焼いてくれるものの、リアクションが薄いと「感謝されていない」「がんばってるのに……」と、すね始めるのが難点。一人っ子にとって、こうした気遣いを求められるシーンは苦痛以外の何ものでもありません。

どこまでも自由きままな一人っ子ですが、飲みの席では同じように自由にふるまう一人っ子を見ると「もう少し気を遣えば……」と思ってしまうことも。誰しも他人の行動は冷静に分析できるものなのです。

ママ友になれる相手

1位
頼れる姉貴分の
長子

2位
ノリが軽い
末っ子

3位
うわさ話好きの
中間子

4位
レアキャラな
一人っ子

困ったときは長子に頼っておけばなんとかなります

子どもを中心としたコミュニティでは、独特の人づきあいが要求されます。あらゆる場において、仕切り役をこなす**長子**は**一人っ子**にとって、頼れる姉貴分。もし、人見知りをしてグループになじめずにいたら、真っ先に声をかけてくれるはず。

その場が楽しければOKという**末っ子**とはお互い、めんどくさくない気楽な関係が築けるでしょう。

逆に、「○○さんは△△さんと仲がいい」など、うわさ話が大好きな**中間子**とは、うまくいかないことが多いでしょう。

一人っ子同士も共通点がたくさんあり、仲よくなりやすいのですが、さほど集まりに参加しないため、知り合うきっかけがほぼありません。“レアキャラ”同士、すれ違い続けて終わる可能性が高いようです。

嫁姑がこじれやすい相手

1位

ガンガン口を出してくる

長子

2位

やんわり口を出してくる

中間子

3位

放っておいてくれる

末っ子

4位

無関心な

一人っ子

頼りになる長子とも 嫁姑にだけはなりたくない……

なにかと頼りになる**長子**ですが、姑となると話が別。自分のことはまだしも、子育てのしかたや教育方針に口を出されては、子どもを連れて逃げ出したくなるというのが本音。夫の実家からも自然と足が遠ざかります。

また、人間関係の「和」を重んじる**中間子**も、どちらかといえば苦手な相手。やんわりと注意されるのも、真綿で首を締められるようで気づまりです。

その点、気楽なのは**末っ子**と**一人っ子**の姑。**末っ子**の場合、「家族みんなでバーベキューをしよう！」「誕生日会をやろう」とイベント好きなところが玉にキズですが、年に数回レベルであれば、ガマンもできそう。いずれにしても、嫁とべったりとした関係を期待していないところに好感を抱けます。

column
5
“生まれ順”豆知識

アイドル・女優が多い“生まれ順”は？

“かわいい妹キャラ”のイメージのある末っ子。実際、アイドル・女優として活躍している人たちの多くもやはり、末っ子でした。たとえば、綾瀬はるか、石原さとみ、上戸彩、広瀬すず、吉田羊、松嶋菜々子などなど。

それもそのはず、末っ子は子どもの頃から家庭のアイドルとして振る舞っていたので、自分をかわいく見せる方法をよく知っているのです。

芸能界に興味を持ったのは兄や姉が先で、“ついていっただけ”のはずのオーディションで、妹のほうが合格してしまうというエピソードはたびたび耳にします。

また、兄や姉には「将来のことをもっと考えて」「堅い職業につきなさい」とうるさい親も、末っ子には甘いのが常。「やってみたい」と言い張れば、好きなことをやらせてもらえる環境も、アイドル・女優人生を後押ししたに違いありません。

上戸彩

綾瀬はるか

広瀬すず

石原さとみ

あとがきにかえて
～生まれ順ブーム、生まれ順を学ぶ意味～

この本を手にとっていただき、ありがとうございます！　私が、生まれ順タイプについて初めて書いた『不機嫌な長男・長女 無責任な末っ子たち「きょうだい型」性格分析&コミュニケーション』（ディスカヴァー・トゥエンティワン）は、今からちょうど1年前、2016年11月に刊行されました。

私自身、3人きょうだいの末っ子。これまでの人生で感じてきたことをもとに、多くの方にインタビューを重ねました。リサーチするなかで、たくさんの発見がありました。たとえば、一人っ子のみなさんの天真爛漫なまっすぐさ、好きなことへの情熱は、末っ子の自分は想像もしていないものでした。

この発見のおもしろさをみなさんにお伝えしたく、満を持して発表したところ、発売直後から全国書店でベストセラーを記録。またたく間に15万部を超える大ヒットとなりました！

読んでくださった方々からは、「びっくりするぐらい当たってた」「我が家のことがそのまま書いてあった」「あるあるの連続で一気に読めた」など、多くのコメントをいただきました。

メディアからの注目も非常に高く、「助けて！　きわめびと」（ＮＨＫ）、「この差って何ですか？」（ＴＢＳ）などでたびたび取り上げていただき、大きな話題に。さらには、InstagramなどのＳＮＳでも毎日のように紹介され、「生まれ順エピソード」「きょうだいあるある」が続々と投稿されています。

こうした一連のムーブメントを受け、「生まれ順についてもっと知りたい！」という声を多数いただきました。そこで、長子・末っ子・中間子・一人っ子それぞれの生まれ順タイプをより深く掘り下げ、とくに相性面にフォーカスを当てて書き下ろしたのが、今作となります。

ご自分の生まれ順について学ばれたら、次はぜひ、パートナーや家族、友達、職場の仲間たちの生まれ順についても学んでみてください。

頭ではわかっていても、なかなか納得することのできない「人づきあいの真髄」に気づくことのできる奥深いテーマ、それが「生まれ順」なのです。

この本を通じて、あなたの日々の人間関係が少しでもスムーズになることを心から祈っています！

2017年11月　五百田 達成

もっとよく知りたい！
待望の“生まれ順”心理学決定版！

“生まれ順”でまるわかり！
長子ってこんな性格。

“生まれ順”でまるわかり！
末っ子ってこんな性格。

“生まれ順”でまるわかり！
中間子ってこんな性格。

“生まれ順”でまるわかり！
一人っ子ってこんな性格。

四六判ソフトカバー　各1000円（税別）
書店にない場合は、小社サイト（www.d21.co.jp）やオンライン書店（アマゾン、ブックサービス、bk1、楽天ブックス、セブンアンドワイ）へどうぞ。お電話や挟み込みの愛読者カードでもご注文になれます。TEL.03-3237-8321

“生まれ順”でまるわかり！

一人っ子ってこんな性格。

発行日　2017年11月15日　第1刷

Author　五百田達成

Illustrator　村瀬綾香
Book Designer　TYPEFACE（AD：渡邊民人　D：谷関笑子）

Publication　株式会社ディスカヴァー・トゥエンティワン
〒102-0093　東京都千代田区平河町2-16-1 平河町森タワー11F
TEL　03-3237-8321（代表）
FAX　03-3237-8323
http://www.d21.co.jp

Publisher　干場弓子
Editor　大竹朝子

Marketing Group
Staff　小田孝文　井筒浩　千葉潤子　飯田智樹　佐藤昌幸　谷口奈緒美　古矢薫
蛯原昇　安永智洋　鍋田匠伴　榊原僚　佐竹祐哉　廣内悠理　梅本翔太　田中姫菜
橋本莉奈　川島理　庄司知世　谷中卓　小田木もも

Productive Group
Staff　藤田浩芳　千葉正幸　原典宏　林秀樹　三谷祐一　大山聡子　堀部直人　林拓馬
塔下太朗　松石悠　木下智尋　渡辺基志

E-Business Group
Staff　松原史与志　中澤泰宏　中村郁子　伊東佑真　牧野類

Global & Public Relations Group
Staff　郭迪　田中亜紀　杉田彰子　倉田華　李瑋玲　蒋青致

Operations & Accounting Group
Staff　山中麻吏　吉澤道子　小関勝則　西川なつか　奥田千晶　池田望　福永友紀

Assistant Staff　俵敬子　町田加奈子　丸山香織　小林里美　井澤徳子　藤井多穂子　藤井かおり
葛目美枝子　伊藤香　常徳すみ　鈴木洋子　内山典子　石橋佐知子　伊藤由美
押切芽生　小川弘代　越野志絵良　林玉緒　小木曽礼丈

Proofreader　文字工房燦光
Printing　中央精版印刷株式会社

ISBN 978-4-7993-2193-5